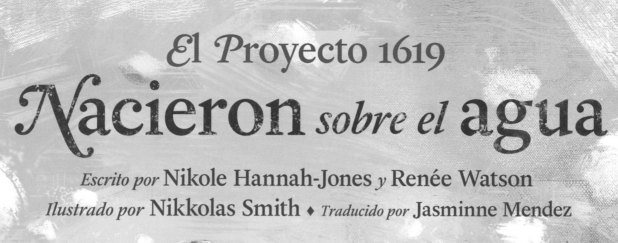

El Proyecto 1619

Nacieron *sobre el* agua

Escrito por **Nikole Hannah-Jones** *y* **Renée Watson**
Ilustrado por **Nikkolas Smith** ♦ *Traducido por* **Jasminne Mendez**

Kokila

Kokila
An imprint of Penguin Random House LLC, New York

First published in English in the United States of America by Kokila, an imprint of Penguin Random House LLC, 2021

Copyright © 2021 by The New York Times Company
Translation copyright © 2023 by Penguin Random House LLC
First Spanish-language edition, 2023
Original English title: *The 1619 Project: Born on the Water*

Kokila & colophon are registered trademarks of Penguin Random House LLC.
The Penguin colophon is a registered trademark of Penguin Books Limited.

Visit us online at penguinrandomhouse.com.

Library of Congress Cataloging-in-Publication Data is available for *Born on the Water*.

Manufactured in China

ISBN 9780593625040

1 3 5 7 9 10 8 6 4 2
HH

Design by Jasmin Rubero
Text set in Dapifer Font Family

Preguntas

Mi maestra nos asigna un trabajo y nos dice: "Pregúntense: «¿Quién soy?». Tracen sus raíces.
Dibujen una bandera que represente sus tierras ancestrales".

Varios de mis compañeros pueden mirar atrás muchas generaciones
y aprender sobre los países de donde vinieron sus familias.
Dibujan sus banderas. Pero yo dejo mi hoja en blanco.

¿Por dónde comienzo? ¿Cuál es mi historia?

En casa, Abuela me pregunta: "¿Cómo te fue en la escuela?".

Le digo sobre el trabajo, cómo no lo pude terminar.
Cómo solo puedo contar atrás tres generaciones, aquí, en este país,
donde nacieron mis padres, mis abuelos y mis bisabuelos.
Pero antes de eso, no sé.

Le digo que estoy avergonzada.

Abuela reúne a toda la familia y dice:
"Vengan, déjenme contarles nuestro comienzo.
Déjenme decirles de dónde somos".

Lo que me dice Abuela

Dicen que nuestra gente nació sobre el agua,
pero nuestra gente tenía un hogar, un lugar, una tierra
antes de que fueran vendidos.

Hace 400 años, en 1619, nuestros antepasados fueron capturados
y traídos aquí en un barco llamado *White Lion*
un año entero antes de que arribara el *Mayflower*.

Pero antes de ese terrible viaje,
hubo una época en la que ellos no rezaban
   por la libertad.

Hubo una época cuando no cantaban
sobre la superación.

Su historia no comienza
con cadenas y látigos.

Tenían un hogar, un lugar, una tierra,
un comienzo.

Su historia es nuestra historia.
Antes de que fueran
esclavizados, eran
libres.

Tenían un idioma

Hablaban kimbundu,
tenían sus propias palabras
para amor
para amigo
para familia.

El reino de Ndongo
estaba ubicado entre
los ríos Lukala y Kwanza
en una meseta alta alta
en África central occidental.

La gente era buena con sus manos,
conocían el poder de una semilla,
cómo sembrarla, regarla,
cómo crear algo de la nada.

La gente era buena con su mente,
eran buenos en matemáticas y ciencia.
Usaban conchas como dinero,
para contar, registrar, comerciar.
Sabían el valor de su trabajo.

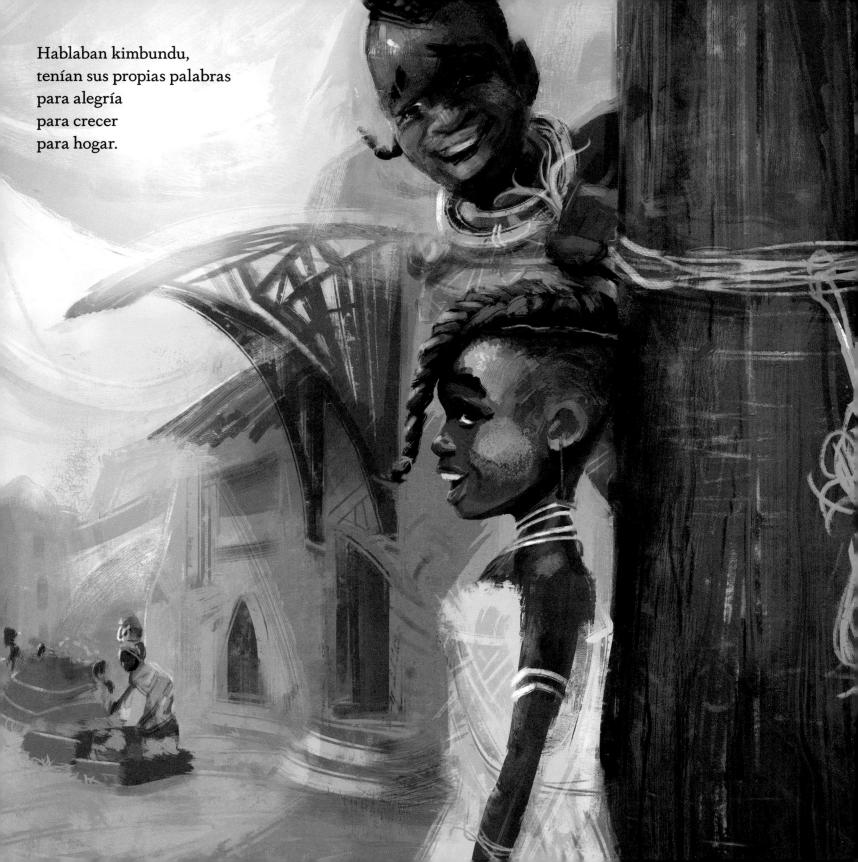

Hablaban kimbundu,
tenían sus propias palabras
para alegría
para crecer
para hogar.

Sus manos tenían un conocimiento

Sus manos tenían un conocimiento.
Sabían cómo acurrucar una bebé,
cómo mecer a la beba para que no llorara.

Sus manos sabían cómo mezclar hierbas,
cómo conseguir el sabor perfecto para una comida.

Sus manos sabían golpear
y torcer y formar el hierro.
Cómo hacer armas, armaduras y herramientas jardineras.

Sus corazones tenían un conocimiento.
Sabían cómo alegrar el trabajo,
cómo martillar las herramientas contra el metal para crear un ritmo,
sabían cómo crear música para acompañarlos mientras trabajaban.

Sus mentes tenían un conocimiento
experto, curioso y astuto.
Cuando conocieron a la gente blanca,
aprendieron rápido, enseñaron a sus lenguas
cómo hablar portugués,
enseñaron a sus ojos cómo leer palabras raras.

Sabían cómo mezclar lo viejo con lo nuevo,
y que incluso un pueblo antiguo siempre tiene algo más que aprender.

Y bailaban

Y la gente movía sus pies,
movían sus cuerpos enteros
al ritmo de los cuernos e instrumentos de cuerda,
de marimbas y tambores.

Bailaban para celebrar y lamentar.
Bailaban para venerar y agradecer.

Sus cuerpos eran canción bajo cielo abierto y sol brillante.
Sus cuerpos oscilando, un testamento a la belleza de la creación.

Robados

Y, sin embargo, la gente blanca se los llevó.
Los secuestraron.
Los bautizaron en el nombre de su dios.
Los estamparon con nombres nuevos.

Nuestra historia no es una de inmigrantes.

Ellos no pudieron llenar sus maletas
con cosas queridas, con la muñeca que Abuelita
tejió de pasto alto,
con la cobija de bebé heredada generación tras
generación desde hace mucho tiempo atrás,
tanto tiempo atrás que llevaba el aroma de sus antepasados.

No pudieron abrazar a sus padres y madres,
hijas e hijos,
con sus corazones palpitando a ritmo,
aferrándose a una última dulzura antes de la despedida.
Sin promesas, susurradas de boca a oído,
de verse pronto.

Solo gritos y llantos. Confusión y
muñecas desgastadas por los grilletes hechos de hierro,
pies partidos y sangrantes por marchar las 200 millas
a lo largo del rio Kwanza.

No tenían cosas. Pero tenían sus mentes.
Las tradiciones, las canciones de cosecha y la mezcla perfecta de hierbas
grabadas en sus memorias.

Tenían sus cuerpos. Historias y linajes
y tambores pulsando en sus venas.
Con dedos temblorosos, desafiantes,
trenzaron semillas en su cabello, escondieron
pedacitos de su hogar
para sembrar algún día
en tierras nuevas.

Sin importar lo que algunos digan,
la gente luchó.

Y, sin embargo, la gente blanca se los llevó.
Los obligaron a subir al fondo de un barco malvado
para navegar a un "Mundo Nuevo"
que ellos no deseaban conocer.

Nuestra historia no es una de inmigrantes.

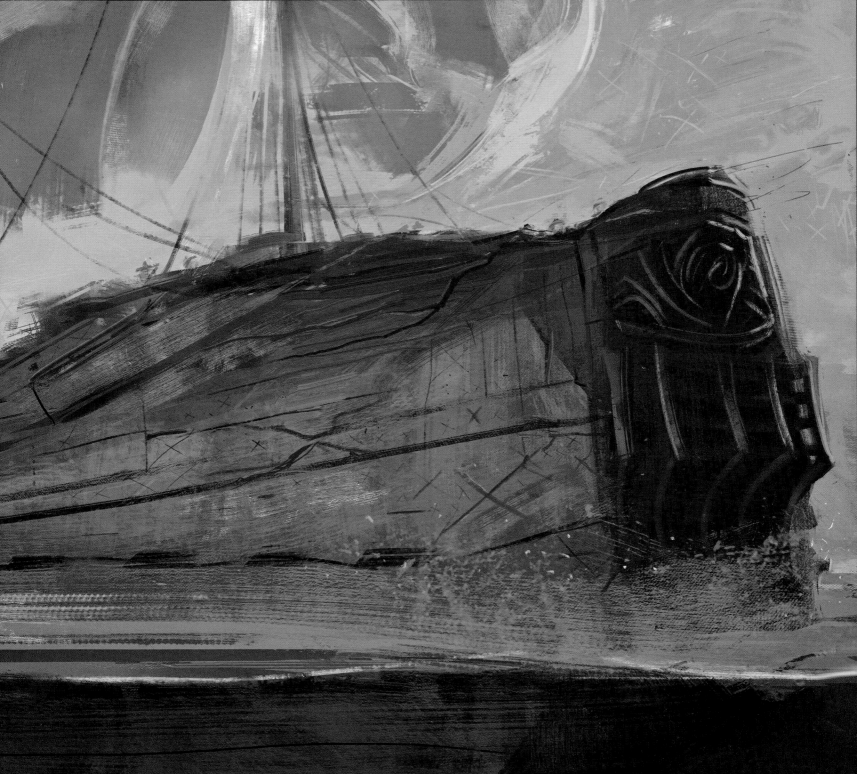

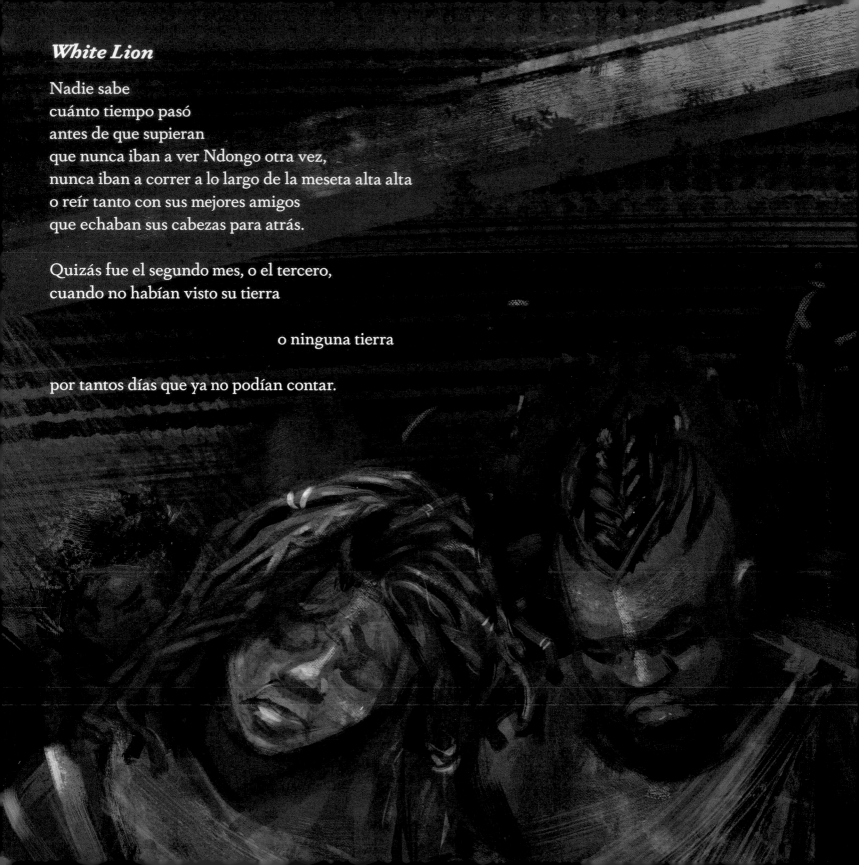

White Lion

Nadie sabe
cuánto tiempo pasó
antes de que supieran
que nunca iban a ver Ndongo otra vez,
nunca iban a correr a lo largo de la meseta alta alta
o reír tanto con sus mejores amigos
que echaban sus cabezas para atrás.

Quizás fue el segundo mes, o el tercero,
cuando no habían visto su tierra

o ninguna tierra

por tantos días que ya no podían contar.

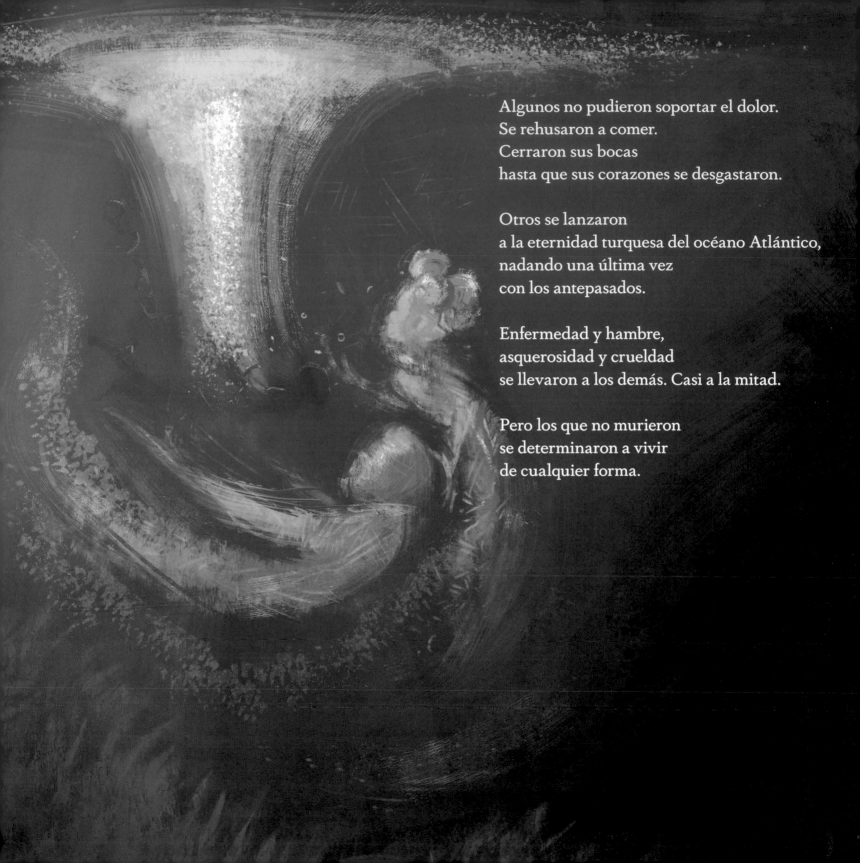

Algunos no pudieron soportar el dolor.
Se rehusaron a comer.
Cerraron sus bocas
hasta que sus corazones se desgastaron.

Otros se lanzaron
a la eternidad turquesa del océano Atlántico,
nadando una última vez
con los antepasados.

Enfermedad y hambre,
asquerosidad y crueldad
se llevaron a los demás. Casi a la mitad.

Pero los que no murieron
se determinaron a vivir
de cualquier forma.

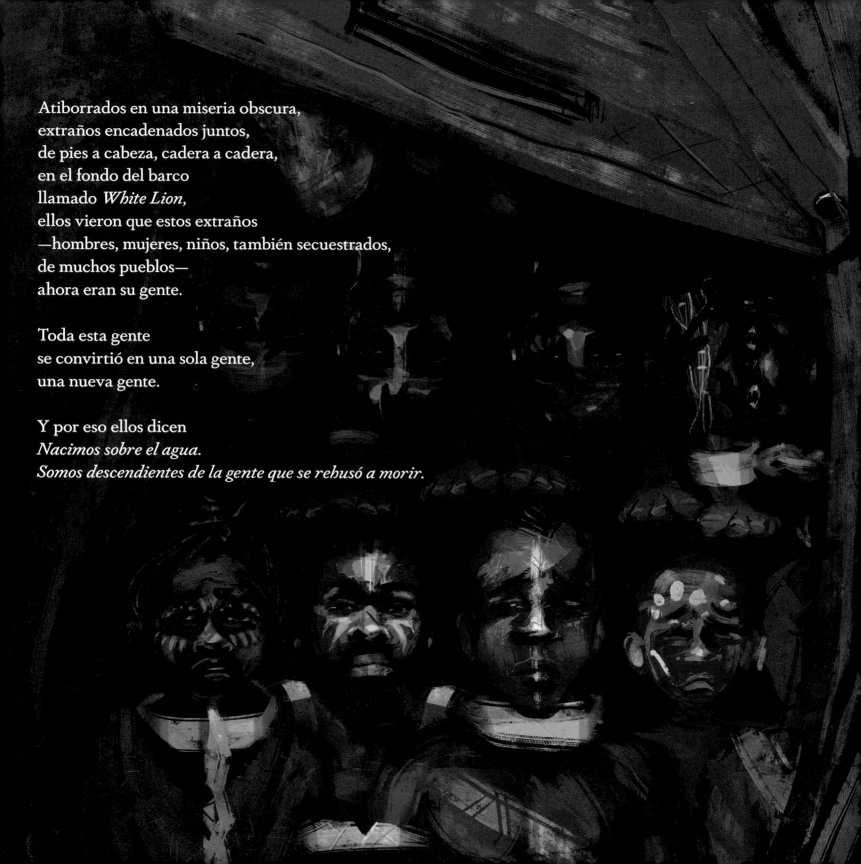

Atiborrados en una miseria obscura,
extraños encadenados juntos,
de pies a cabeza, cadera a cadera,
en el fondo del barco
llamado *White Lion*,
ellos vieron que estos extraños
—hombres, mujeres, niños, también secuestrados,
de muchos pueblos—
ahora eran su gente.

Toda esta gente
se convirtió en una sola gente,
una nueva gente.

Y por eso ellos dicen
Nacimos sobre el agua.
Somos descendientes de la gente que se rehusó a morir.

Point Comfort

Finalmente,
el barco se detuvo
y la gente fue arrastrada
hacia la cubierta.
Cerraron sus ojos al ver la luz
de un sol que no habían visto
desde la costa de Madre África.
Cerraron sus ojos al ver
una tierra que no era la suya.

Lloraron un llanto silencioso
mientras que hombres blancos con palabras raras
hablaban de sus cuerpos
y con un apretón de manos
negociaban y vendían a los hijos, mamás y papás de otros,
20 a 30 seres queridos en total,
por unas libras de alimentos y bebidas.

Hace 400 años,
en el año 1619,
la gente blanca llamó esta tierra Virginia,
una palabra melodiosa
para un lugar lleno de dolor,
una palabra melodiosa para el lugar
donde la esclavitud americana comenzó.

Campos de tabaco

Desde el amanecer hasta el atardecer
la gente trabajaba en los campos,
cosechando tabaco.
La cosecha era vendida a Europa
y traía riqueza a Virginia,
pero las personas esclavizadas no recibieron nada
a cambio de su trabajo.

La gente trabajó
y trabajó.

Cuando la gente se cansaba,
recordaban sus ayeres,
recordaban las canciones de Ndongo,
las cantaban para aliviar sus espíritus.
Mientras cantaban, miraban al futuro
con la esperanza de mejores días,
sembraban oraciones en los cielos,
rezando, rezando, rezando
por la libertad.

Cómo crear un hogar

Después de trabajar todo el día sembrando tabaco en los campos,
después del trato brutal, después de trabajar duro y salir con las manos vacías,
llegaba la tristeza, un anhelo por Ndongo,
por las mamás, por los papás, por los amigos
a quienes ya no podían abrazar y con quienes ya no podían hablar debajo del cálido sol.

Estamos en un lugar extraño, dijeron.
Pero estamos aquí y lo convertiremos en nuestro hogar.
Tenemos nuestras canciones, nuestras recetas, nuestro conocimiento.
Tenemos nuestra alegría. Amaremos, reiremos, cantaremos
y abrazaremos a nuestros hijos lo más apretado que se pueda.
Vamos a sobrevivir porque nos tenemos el uno al otro.

Y entonces la gente
sembró las semillas que habían traído en el océano.
En la obscuridad de la noche se visitaban a escondidas,
cantaban canciones, intercambiaban cuentos de sus ayeres,
recordando, recordando.

Y la gente sembró sueños y esperanza
y, por su propia voluntad, siguieron
viviendo, viviendo.

Y la gente aprendió nuevas palabras
para amor
para amigo
para familia

para alegría
para crecer
para hogar.

Estamos en un lugar extraño, dijeron.
Pero estamos aquí y lo convertiremos en nuestro hogar.
Tenemos determinación, imaginación y fe.
Vamos a sobrevivir porque nos tenemos el uno al otro.

Los Tuckers de Tidewater, Virginia

1624.
Anthony e Isabella,
esclavizados en la plantación
del capitán William Tucker
y su esposa, Mary Tucker.

Dos personas comunes
obligadas a cultivar la tierra,
obligadas a construir un país
de donde no descendieron,

encontraron una manera de construir
un amor mutuo,
de casarse y crear
una familia, un legado.

Ellos no sabían
que su familia sería
el comienzo de un pueblo nuevo.

Solamente eran dos personas comunes
que tuvieron un hijo,
un nuevo comienzo,
una promesa
de seguir y seguir viviendo.

William Tucker

La esperanza es una promesa.
Fe en que llegará un día mejor.
Convicción de que las cosas no siempre serán así.
La esperanza es rehusarse a rendirse, a morir.

La esperanza es el nacimiento de un niño.

En ese tiempo, la esperanza tenía un nombre.
William Tucker.

Él nació de personas comunes,
un hombre y una mujer
que no eran libres
pero creían en la libertad,
que no eran libres
pero creían
que algún día
la libertad llegaría
aunque ellos nunca llegaran a verla.

Estas dos personas comunes le dieron vida
a un niño extraordinario.
Un niño que no era de África,
un niño que no era de Europa
ni de la gente Indígena que ya estaba aquí.
Sino un niño de la gente nueva nacida sobre el agua.

El primer niño Negro nacido en la tierra
que se convertiría en los Estados Unidos.
El primer niño verdaderamente americano.

Resistir

La vida era difícil,
y lo sería aún más
para las generaciones del futuro.

La gente blanca les decía que no eran humanos.
Que eran objetos
para ser comprados y vendidos y regalados
igual que caballos y sillas.

Cuando los golpeaban,
decían que ellos no sentían dolor.
Cuando vendían a sus hijos,
decían que ellos no podían amar.
Eran mentiras que inventaban
para sentirse bien
sobre la esclavitud. Siempre y para siempre
es malo poseer seres humanos.
Siempre y para siempre es malo tratar
a los seres humanos como objetos.

La gente se defendió.
Por 250 años,
la gente resistió todos los días
de maneras grandes y pequeñas.
Por 250 años,
la resistencia más poderosa
fue que la gente siguió viviendo.

Legado

Y la gente que nació sobre el agua sobrevivió.
Siguieron viviendo y viviendo.

Era ilegal enseñarle a leer a la gente esclavizada,
pero ellos dieron luz a generaciones de
maestros y bibliotecarias,
eruditos y autoras.

Estaban desconsolados, debilitados y heridos,
pero se convirtieron en curanderas,
pastores y activistas,
doctores y consejeras.

Nadie podía robarle la alegría a la gente.
Escribieron canciones,
crearon el jazz y el hip hop,
rhythm y blues.

Se convirtieron en
inventores y atletas,
enfermeros y cocineros,
pilotas y arquitectas,
granjeros y cuidadores,
cantantes y artistas,
bailarines y poetas,
matemáticos y científicas.

Transmitieron sus historias
a través de la puntada de una colcha,
compartieron mensajes secretos con sus canciones.

La gente sobrevivió.
La gente luchó.

Y porque la gente sobrevivió
y porque la gente luchó,
finalmente consiguieron su libertad.

Y porque la gente sobrevivió
y porque la gente luchó,
Estados Unidos tiene igualdad ante la ley.

Y porque la gente sobrevivió
y porque la gente luchó,
Estados Unidos comenzó a cumplir su promesa de la democracia.

Es la gente quien todavía sigue luchando por la democracia.

Orgullo

Abuela me mira a mí y a mi hermano, y nos dice:
"Por eso decimos
las Vidas Negras Importan,
por eso celebramos la Magia de las Niñas Negras,
por eso confiamos en que somos los sueños
más maravillosos de nuestros antepasados.

Nunca se les olvide
que somos su esperanza.

Nunca se les olvide que son descendientes de gente
fuerte", dice Abuela.
"Siéntanse orgullosos de su historia, nuestra historia".

Al día siguiente, voy a la escuela,
saco mi crayón rojo, mi azul y mi blanco.
Dibujo las estrellas y dibujo las rayas
de la bandera del país que mis antepasados construyeron,
que mi abuela y mi abuelo construyeron,
que yo también ayudaré a construir.

Y no estoy avergonzada.
Yo conozco mi historia,
de dónde soy,

de dónde comienzo...

Notas de las autoras e ilustrador

Nuestra esperanza para este libro, *Nacieron sobre el agua*, es demostrar que los americanos Negros tienen su propia historia de origen de la cual estar orgullosos, una que no comenzó con la esclavitud, con la lucha y con dolor, sino que es un puente entre África y los Estados Unidos de América. El libro comienza con las culturas abundantes de África occidental y luego tejimos el cuento de cómo después del Middle Passage (Pasaje del medio), los americanos Negros crearon un pueblo nuevo aquí en esta tierra. Nosotros vemos estos versos como estampas de la experiencia Negra en Estados Unidos. Cada poema contiene en sí las emociones profundas que a veces son alegres y a veces, dolorosas. Esperamos que todos los jóvenes que lean este libro se sientan inspirados a aprender sus propias historias de origen y preguntarse de dónde son. Especialmente esperamos que los niños americanos Negros que desean sentirse conectados con sus raíces se sientan empoderados al saber que no hay vergüenza en ser descendientes de la esclavitud americana, y al entender que ellos vienen de una gente resiliente que amó, resistió y perseveró.

—Nikole Hannah-Jones y Renée Watson

Cada poema hermoso que Nikole y Renée escribieron tiene su propia energía. Mi meta al ilustrar este libro era leer, sentir, interiorizar y responder a cada poema con una pintura que coincidiera con el sentimiento que exude. Algunas ilustraciones tienen una energía más vibrante, otras más caótica y desordenada, otras más pacífica, con trazos suaves: una representación visual de la alegría contagiosa, esfuerzos angustiosos y legado triunfante de mis antepasados. Numerosos americanos Negros y yo compartimos este linaje ancestral, y muchas veces sin detalles específicos, así que decidí ilustrar detalles generales de África central occidental, desde la arquitectura y peinados hasta los instrumentos y el vestuario.

También llené el libro con motivos de patrón de escarificación africana, donde la Vida, la Muerte y el Renacimiento están presentes. Soy de Houston, Texas —descendiente de sobrevivientes magistralmente talentosos, brillantes y con una fuerte voluntad que fueron secuestrados violentamente de África central occidental y esclavizados.

Pinto estos poemas para ellos, como una manifestación de sus sueños más maravillosos hechos realidad.

—Nikkolas Smith

Visite 1619books.com para encontrar materiales educativos.